Un país de gran tamaño

Claire Owen

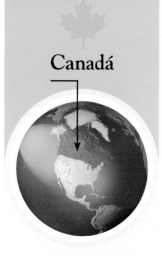

Canadá

Me llamo Martine. Vivo en
Quebec, Canadá. Mira el mapa
del mundo. ¿Cuál crees que es
el país más grande? Si los países
estuvieran ordenados según su
tamaño, ¿qué lugar crees que
ocuparía Canadá?

Contenido

Un país de gran tamaño   4

Grandes lagos   6

Todos los ríos fluyen   8

Hacer olas   10

Islas en el hielo   12

Mareas tremendas   14

La torre más alta   16

Montañas maravillosas   18

Una exportación
sorprendente   20

Trazo de la población   22

Respuestas   24

Índice temático   24

Donde me veas encontrarás actividades que reforzarán tu aprendizaje y preguntas para responder.

Un país de gran tamaño

Canadá es el segundo país más grande del mundo. Tiene una superficie de 9,976,140 kilómetros cuadrados. Sus maravillas naturales incluyen altas montañas, largos ríos y algunos de los lagos e islas de mayor tamaño en el planeta. Canadá cuenta también con la costa más larga del mundo, que mide 243,739 kilómetros. ¡Cerca de seis veces más que el Ecuador!

¿Cuánto más grande es Rusia que Canadá? Escoge otros dos países del cuadro de la página siguiente. ¿Cuál es la diferencia entre sus superficies?

Países más grandes del mundo	
País	Superficie (millones de kilómetros cuadrados)
Rusia	17.0
Canadá	9.9
Estados Unidos	9.6
China	9.5
Brasil	8.5
Australia	7.6
India	3.2
Argentina	2.7
Kazajstán	2.7
Sudán	2.5

Las cataratas del Niágara vistas desde el lado canadiense.

Grandes lagos

En Canadá hay alrededor de dos millones de lagos
que cubren casi una doceava parte del país. El
lago Superior, situado en la frontera entre Canadá y
Estados Unidos de América, es el segundo más grande
del mundo. El Great Bear es el lago canadiense más
grande. Tiene 413 metros de profundidad y está
congelado por lo menos durante dos tercios del año.

GROENLANDIA

Alaska

Lago Great
Bear

Lago Great
Slave

Lago
Athabasca

CANADÁ

Lago
Winnipeg

Lago
Superior

Lago
Hurón

Lago Ontario

ESTADOS UNIDOS
DE AMÉRICA

Lago Michigan

Lago Erie

¿Sabías que...?

Los grandes lagos —Superior,
Michigan, Hurón, Erie y
Ontario— conforman el mayor
sistema de agua dulce sobre la
superficie terrestre.

Dado que hay tantos lagos en Canadá, no es de sorprender que algunos de ellos tengan el mismo nombre. De hecho, ¡más de 200 se llaman Long Lake! En este cuadro se muestran otros nombres populares.

Los 11 nombres más usuales de lagos canadienses

Long Lake	204
Mud Lake	182
Lac Long	152
Long Pond	144
Lac Rond	132
Lac à la Truite	109
Round Lake	107
Otter Lake	103
Little Lake	101
Lac Perdu	101
Moose Lake	100

Haz un cálculo mental del número total de lagos que se encuentran en el cuadro. Luego, suma los números. ¿Fue cercano tu cálculo?

Todos los ríos fluyen

En Canadá hay muchos ríos largos. Tal vez el más importante sea el St. Lawrence. Junto con los Grandes Lagos, el St. Lawrence aporta 15,288 kilómetros de vías fluviales para la navegación. Un sistema de lagos, ríos, canales profundos, esclusas y conductos permite a los barcos navegar desde el océano Atlántico hasta las ricas regiones industriales y agrícolas que rodean a los Grandes Lagos.

esclusa   Parte de un canal o río, con puertas en ambos extremos para bajar o subir navíos de un nivel a otro.

Los ríos de Canadá también se usan para practicar deportes como la navegación en kayak y en canoa.

¿Qué río canadiense está más cerca de los 2,400 kilómetros de longitud? Nombra todos los ríos de Canadá que tienen menos de 3,200 kilómetros, pero más de 2,400 kilómetros de largo.

Los ríos más largos de Canadá

Río	Longitud (kilómetros)
Mackenzie	
Yukon	
St. Lawrence	
Nelson	
Columbia	
Saskatchewan	
Peace	
Churchill	
South Saskatchewan	
Fraser	

0   1,609   3,218   6, 436

Longitud (kilómetros)

Hacer olas

La alberca de olas cubierta de mayor tamaño del mundo está en Canadá, ¡dentro del centro comercial más grande del orbe! El West Edmonton Mall tiene una superficie de 493,032 metros cuadrados. ¡El tamaño de 92 campos de futbol americano! Cuenta con pista de hielo, un parque de diversiones, ofrece un paseo en submarino y exhibe la réplica, en tamaño real, de la *Santa María*, una de las naves de Cristóbal Colón.

réplica   Copia exacta.

Datos divertidos

- La alberca de olas del West Edmonton Mall contiene 12,274,200 litros de agua.

- La temperatura del agua oscila entre 26 °C y 30 °C.

- Hay 23 toboganes. El más alto tiene 26 metros de altura.

- Hay tres remolinos con una temperatura de 39 °C.

Resuélvelo

¿Cómo resolverías estos extraños problemas?

1. ¿Cuántas botellas de medio litro (0.5 litros) necesitarías para llenar la alberca de olas del West Edmonton?

2. Una llave de agua casera proporciona cerca de 27.2 litros de agua por minuto. Si usaras una de estas llaves, ¿necesitarías más o menos de un año para llenar la alberca de olas?

3. Una bañera contiene unos 181 litros de agua. ¿Cuántas bañeras podrían llenarse con el agua de la alberca de olas?

Desafío extra:

Un litro de agua pesa 1 kilogramo. ¿Cuántas toneladas de agua contiene la alberca de olas? (Pista: 1 tonelada = 1,000 kilogramos).

Islas en el hielo

Canadá tiene 52,455 islas. Algunas de ellas son muy pequeñas. Sin embargo, la más grande, la isla Baffin, ¡es más grande que el estado de California! Muchas de las islas de Canadá se ubican al norte de la tierra firme, cerca de Groenlandia y del círculo Ártico. Estas islas están rodeadas por hielo marino durante gran parte del año.

Isla Baffin

Algunas de las islas más pintorescas de Canadá se encuentran en el río St. Lawrence. Si bien la zona se llama Thousand Islands (Mil Islas), el número oficial de islas es 1,793.

El lago más grande del mundo situado en una isla se encuentra en Canadá. El lago Manitou se encuentra en la isla Manitoulin, en el lago Hurón.

Mareas tremendas

En la costa este de Canadá se presentan las mareas más fuertes del mundo. Dos veces al día, más de 4.6 kilómetros cúbicos de agua de mar se precipitan a la bahía de Fundy y se retiran de la misma. El nivel del agua en la marea alta puede llegar a elevarse 16 metros más que en la marea baja. ¡Una altura mayor que la de un edificio de cinco pisos!

Muchos de los riscos situados alrededor de la bahía de Fundy se han desgastado, o erosionado, por el movimiento del agua del mar. En algunos sitios lo único que queda son pilares con árboles y plantas en la parte superior. A estos pilares de piedra se les conoce como "rocas con macetas".

En la bahía de Fundy, las mareas altas llegan cada 12 horas y 25 minutos (este tiempo puede variar 15 minutos, según el viento, la posición de la Luna y otros factores).

Supongamos que la marea sube el lunes a las nueve de la mañana. Calcula el día y la hora en que llegarán las cinco mareas altas siguientes.

La torre más alta

La Torre CN de Toronto es la estructura independiente más alta del mundo. Mide 553 metros de alto y en su construcción se utilizaron 40,648 metros cúbicos de concreto. Los visitantes pueden disfrutar del paisaje desde la plataforma exterior de observación, que se encuentra a 342 metros de altura. La plataforma cuenta con un piso de vidrio muy resistente que puede sostener el peso de ¡14 hipopótamos!

Elige uno de los edificios del cuadro de abajo y compara cuánto más bajo es que la Torre CN. Ordena, de mayor a menor, las 10 estructuras más altas del mundo.

Edificios más altos del mundo	Metros
Taipei 101, Taipei, Taiwán	509
Torres Petronas, Kuala Lumpur, Malasia	452
Torre Sears, Chicago, Estados Unidos de América	442
Edificio Jin Mao, Shanghai, China	421
Two International Finance Center, Hong Kong	415
CITIC Plaza, Guangzhou, China	391
Shun Hing Square, Shenzhen, China	384

Torre CN:
553 metros

446 metros:
plataforma pública de
observación más alta
del mundo

342 metros: piso de vidrio
y plataforma exterior
de observación

Torres más altas del mundo	Metros
Torre CN, Toronto, Canadá	553
Torre Ostankino, Moscú, Rusia	537
Oriental Pearl Tower, Shanghai, China	468
Borj-e Milad, Teherán, Irán	435
Menara Kuala Lumpur, Malasia	427
Tianjin TV Tower, Tianjin, China	415
Central Radio & TV Tower, Beijing, China	405

Montañas maravillosas

El monte Logan es la cumbre más alta de Canadá y la segunda más alta de América del Norte. Tiene 6,054 metros de altura. Se eleva sobre un glaciar de 483 kilómetros de largo, lo que lo convierte en el glaciar más grande fuera de la Antártida y Groenlandia. En la primavera, los vientos en el monte Logan pueden rebasar los 160 kilómetros por hora y la temperatura, bajar a menos 4 ºC.

glaciar Gran masa de hielo y nieve que se desliza con lentitud por una montaña u otro accidente geográfico.

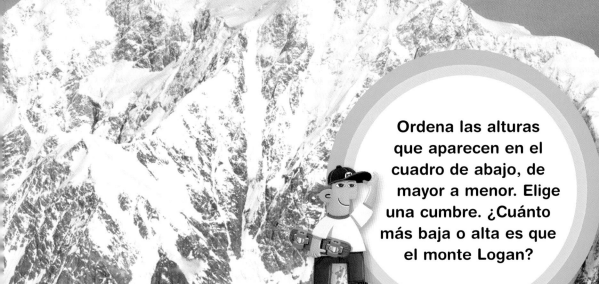

Ordena las alturas que aparecen en el cuadro de abajo, de mayor a menor. Elige una cumbre. ¿Cuánto más baja o alta es que el monte Logan?

Las cumbres más altas en las siete regiones continentales

Región continental	Cumbre	Altura (metros)
África	Kilimanjaro	5,895
Antártida	Vinson Massif	4,897
Asia	Everest	8,850
Australia	Kosciusko	2,228
Europa	Elbrús	5,642
América del Sur	Aconcagua	6,962
América del Norte	Denali (antes Mc Kinley)	6,195

19

Una exportación sorprendente

Canadá produce más de cuatro quintas partes de la miel de arce del mundo (también se conoce como miel de maple). Cada año se exportan a Estados Unidos de América y a otros países más de 22 millones de litros de miel. Ésta se elabora al hervir la savia del árbol de arce.

El proceso ha sido empleado desde hace cientos de años por los indígenas norteamericanos.

Los indígenas norteamericanos preparaban miel y azúcar de arce colocando piedras calientes en la savia para cocinarla. Al enfriarse las piedras, las reemplazaban con otras piedras calientes.

exportar   Enviar mercancía a otro país para su venta.

Un árbol de arce promedio produce cerca de 45.44 litros de savia en una temporada. Se requieren alrededor de ¡40 litros de savia para elaborar un litro de miel de arce!

¿Cuánta miel de arce puede producirse cada año de un árbol promedio? ¿Cuántos árboles se necesitarían para producir 22 millones de litros de miel?

Trazo de la población

Cuando se realizó el primer censo nacional, en 1851, Canadá tenía menos de 3 millones de habitantes. Siglo y medio después, la población era de más de 30 millones. Si ordenamos a los países por número de habitantes, Canadá ocupa el sitio 34 entre 237 naciones. Más de nueve décimas de los canadienses viven en un radio de 160 kilómetros de distancia de Estados Unidos de América.

Población de Canadá	
Año del censo	Población (millones)
1851	2.4
1861	3.2
1871	3.7
1881	4.3
1891	4.8
1901	5.4
1911	7.2
1921	8.8
1931	10.4
1941	11.5
1951	13.7
1961	18.2
1971	21.6
1981	24.8
1991	28.0
2001	31.0

¿Sabías que...?

La bandera con la hoja de arce roja se convirtió en la bandera nacional de Canadá en 1965.

censo   Conteo oficial del número de personas que habitan en un lugar.

Haz una gráfica lineal

Para elaborar una gráfica lineal que muestre cómo ha crecido la población de Canadá necesitarás una hoja del Crecimiento de la población como la que se muestra abajo, un lápiz de color y una regla.

1. Busca el número de habitantes en 1851 (usa el cuadro de la página 22). Redondéalo al millón más cercano y muéstralo en la gráfica.

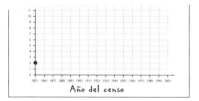

2. Redondea la población de 1861 al millón más cercano. Marca el punto siguiente.

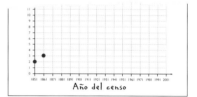

3. Avanza hasta que hayas marcado en la gráfica un punto para cada año.

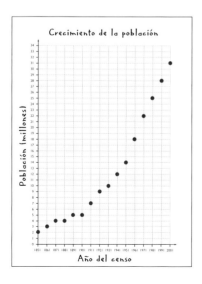

4. Con la regla traza líneas para conectar los puntos que marcaste.

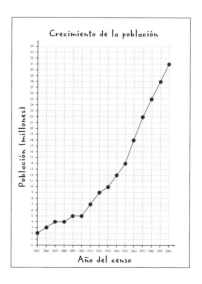

Respuestas

Página 4	7.1 millones de kilómetros cuadrados
Página 7	1,435 lagos
Página 9	Nelson; St. Lawrence, Nelson
Página 11	1. 24.5 millones de botellas
	2. Menos de un año (313.3 días)
	3. 67,813 bañeras
	Desafío extra: 10,152 toneladas
Página 15	Lunes, 9:25 p.m.
	Martes, 9:50 a.m.; 10:15 p.m.
	Miércoles, 10:40 a.m.; 11:05 p.m.
Página 16	Las alturas ordenadas (por metros) son:
	553> 537> 509> 468> 452> 442>
	435> 427> 421> 415.
Página 19	Las alturas ordenadas (por metros) son:
	8,850> 6,962> 6,195> 5,895> 5,642> 4,897> 2,228.
Página 21	1 litro; 22 millones de árboles.

Busca en Internet otros datos interesantes sobre Canadá. Por ejemplo, Canadá tiene una de las autopistas más largas del mundo. ¿Sabes cuánto mide?

Índice temático

bahía de Fundy	14-15	miel de arce	20-21
centro comercial		monte Logan	18-19
West Edmonton	10-11	río St. Lawrence	8-9, 13
isla Baffin	12	Torre CN	16-17
lago Superior	6		